L'ARMEMENT

DE L'AVENIR

EXTRAIT EN PARTIE DU SPECTATEUR MILITAIRE.
(15 Juin 1874)

SYSTÈME ANQUETIL-GRENEU

L'ARMEMENT
DE L'AVENIR

APPLICABLE SANS AUCUNE EXCEPTION

AUX ARMES ET BOUCHES A FEU

DE TOUS LES CALIBRES

Par THOMAS-ANQUETIL

Labor improbus omnia vincit...
Tout par le travail.

PARIS

LIBRAIRIE MILITAIRE DE DUMAINE

PASSAGE ET COUR DAUPHINE

1874

AVANT-PROPOS

A L'OPINION PUBLIQUE

Voici ce que j'écrivais, à la date du 15 avril 1869, dans le *Spectateur militaire*, revue mensuelle à laquelle je collaborais pour les articles : ARMES, BOUCHES A FEU, POUDRE ET MATÉRIEL :

« Ne confondons pas la presse militante avec la presse militaire... L'une brille souvent par la forme, rarement par le fond ; le désir de plaire à ses adhérents et de flatter leurs passions, l'influence des coteries, le charme de la critique, l'entraînement des partis, l'inexpérience des sujets qui se rapportent à l'armée, lui ôtent parfois toute créance ; elle est un peu tribunitienne et dogmatique, qu'elle soit opposante ou ralliée ; et puis, *c'est une affaire*... L'autre, plus sensée, plus judicieuse, s'inspirant des généralités et des détails, puisant sa force dans ses convictions, dans ses études spéciales, recherche moins les succès éphémères, les applaudissements de la foule ; son objectif c'est la patrie !

» Du milieu des divers éléments dont se compose l'armée française, il a surgi une pléiade d'écrivains zélés, intelligents, qui se livrent avec ardeur, avec persévérance, et non sans succès, à l'étude du grand art de la guerre, y compris ses voies et moyens. Chez eux, nulle prétention, nulle division préconçue; entre eux, nulle rivalité littéraire, nulle jalousie de métier, nulle dissidence politique, mais une louable émulation dans la recherche des choses susceptibles d'être utiles au pays, à l'armée, à la nation. Ainsi s'explique l'influence légitime dont ces écrivains jouissent.

» Selon moi la presse militaire, quelle que soit sa spécialité, est tenue de maintenir l'harmonie et la discipline dans ses rangs, au lieu de provoquer l'antagonisme en vue de conquérir une vaine popularité; il faut néanmoins qu'elle sache se tenir à égale distance des louanges serviles et des critiques systématiques, sans quoi sa dignité ferait naufrage. Dans ces conditions, il aura réellement puisé le mobile de ses appréciations aux véritables intérêts du pays, l'écrivain qui a su garder son indépendance et s'est appliqué avec résolution, sans subterfuges, à élucider des sujets compliqués, ardus, peut-être mal compris, mal exposés jusqu'alors... Telles sont les pensées dominantes qui ont inspiré ma collaboration au *Spectateur*.

» J'ose le dire : il a fallu un certain courage à un ancien soldat tout à fait inconnu, comme moi, pour critiquer différentes dispositions ministérielles, de la Guerre ou de la Marine, concernant les armes portatives, les bouches à feu, le matériel de l'artillerie, l'organisation des établissements de l'État; cependant est-il permis de délaisser un sujet pour lequel on se croit de l'aptitude, et cela parce qu'il serait délicat, difficile à traiter?... Voilà pourquoi, sans chercher à faire l'apologie de mes critiques, j'indique les motifs qui les ont dictées... ».

Au commencement de l'année 1870, — époque à laquelle je pressentais déjà les événements dont nous devions bientôt être victimes, — j'offris à plusieurs journaux, de toute nuance, un *Aperçu de la situation;* pas un seul ne voulut l'insérer. Je reproduis cette pièce pour mémoire :

» Offensive, la guerre est exécrable; défensive, elle est sacrée. Je ne veux donc pas justifier ce fléau de l'humanité, mais l'expliquer, dans l'espoir que les peuples, fatigués de s'exterminer comme ils l'ont fait jusqu'à présent, finiront par fusionner entre eux.

» A proprement parler, la mort n'existe pas; ou mieux : rien ne meurt, tout se transforme... Les innombrables phénomènes engendrés par l'attraction, la lumière, la chaleur, l'électricité, le magnétisme, etc., nous démontrent que la mort doit être envisagée comme une manière d'être de la matière, le mode nécessaire à l'accomplissement d'une infinité de réactions, une des phases de la vie éternelle, une des conditions de ce mouvement perpétuel qui régit tous les corps, tous les individus, n'importe l'ordre de la nature auquel ils appartiennent.

» Aux époques reculées où le globe terrestre se condensait par l'ignition, pas un atome n'a été perdu, pas une molécule n'a été consumée, pas un élément n'a été détruit; au contraire, le feu a dépouillé de ses scories cette vile matière dont le souffle divin devait procréer l'homme... Le déluge, attesté par la tradition, constaté par la science, fut plutôt un exutoire qu'un cataclysme, car depuis lors les espèces organiques ont toujours été supérieures à celles des âges antédiluviens... Au retour périodique des saisons, à l'approche du terme de chaque existence éphémère, si les arbres, les plantes, les végétaux perdent quelques-uns de leurs attributs, en revanche les détritus forment un engrais capable de féconder le sol, fournissent des émanations qui répandent des sucs nutritifs dans l'atmosphère, et les fleurs, avant de périr, distribuent leur pollen selon de mystérieuses affinités... Combien de variétés précieuses ne devons-nous pas à la culture, au greffage, à l'acclimatation! Combien d'avantages ne retirons-nous pas de la taille des arbres, de la coupe des prairies, du fumage des terres!... De même, nous voyons les races humaines soumises à certains croisements; c'est-à-dire : pour se rajeunir, pour s'approprier une nouvelle séve, les nations sur leur déclin sont obligées d'infuser à leur sang appauvri un sang plus jeune, plus riche et plus généreux.

» La guerre, malgré ses excès, ses iniquités, ses horreurs, ne pourrait-elle être considérée comme un expédient terrible laissé par Dieu à la disposition de ceux auxquels il confie le soin de gouverner les grandes agrégations humaines, qu'il s'agisse d'assurer la prospérité d'un État, de régénérer une nation, de renverser des institutions vieillies, ou bien d'éteindre des rivalités funestes et de développer le progrès? En effet, si la guerre devait rester toujours agressive et cruelle, égoïste et sauvage; si nulle alliance, aucun bienfait, aucune fusion ne devaient en ressortir; si elle continuait d'être impuissante à rapprocher les peuples, à propager la civilisation; si la paix n'était appelée à régir un jour l'univers : dès lors la philosophie serait une chimère, la sagesse une dérision, la vertu un vain mot; nous n'aurions plus qu'à rétrograder vers le passé, obéir à nos instincts, et adopter la vie des brutes!.. Abjurons une pareille doctrine, repoussons ces tendances perverses, négation des principes les mieux établis! Oui, eussions-nous encore de pénibles efforts à tenter, des sacrifices à nous imposer, des pleurs et du sang à répandre, préparons par tous les moyens en notre pouvoir l'avénement de la concorde et de la fraternité parmi nous. Malheureusement, c'est l'épée — *l'épée sainte!* — qui tranchera le nœud gordien...

» S'il est vrai que le progrès soit l'étoile polaire de l'humanité, il faut que les peuples avancent de front, avec ensemble, avec unité, sans laisser derrière eux des traînards ou des retardataires; mais les fortes nationalités étant seules capables de prendre l'initiative et d'imprimer le mouvement, tant que l'assiette de l'Europe ne sera pas dessinée d'une façon normale, tant que les peuples auront quelque chose à s'envier, tant qu'ils se jalouseront ou se craindront les uns les autres, ils ne sauraient former un vaste réseau humanitaire... Dans une entité politique quelconque, le temps, le droit, l'autorité, sont les bases de l'ordre et de la liberté; sans cela, il n'y aurait que le chaos et les ténèbres, autrement dit : l'anarchie! A plus forte raison, tant que les peuples auront des intérêts opposés et que les principes internationaux seront mal définis ou peu respectés; jusqu'à ce que les États aient acquis de la consistance et que les nationalités soient fortement constituées, on en sera réduit à en appeler au sort des combats. Mais de ce contact du fer et de l'idée, de ce choc entre les derniers vestiges de la barbarie et les effets de la civilisation, de ces lueurs fulgurantes destinées à transfigurer enfin le globe, il surgira une auréole glorieuse : la paix du monde!...

» Dès l'origine du contrat social, l'idolâtrie conduisit au polythéisme, à la théocratie, à la polygamie, à l'esclavage. Énervé par ces institutions dissolvantes, le régime gréco-latin — la plus haute expression de l'antiquité — s'écroulait cependant sous l'invasion des Barbares, lorsque le Christianisme jeta les fondements d'une société nouvelle et assujettit à sa discipline les conquérants eux-mêmes. Quoiqu'il vînt flétrir la ruse, la mauvaise foi, la violence, le despotisme, les débordements de tout genre; quoiqu'il vînt tendre la main aux petits enfants, détruire l'esclavage, réhabiliter la femme, consacrer la famille, asseoir la propriété, sanctionner les lois et la justice, tracer les droits et les devoirs respectifs en opposant aux passions des sentiments moralisateurs, il ne fut cependant pas accepté sans de longs tiraillements, sans de cruelles épreuves. Combien de vicissitudes, de défaites, de défaillances avant que la rénovation sociale ne parvînt à s'établir sur les ruines du paganisme! Parmi cette succession de drames politiques accomplis depuis la fondation du christianisme jusqu'à nos jours, on voit figurer : la féodalité, le servage, l'établissement des ordres religieux, — institutions transitoires, il est vrai, mais fatalement nécessaires lors de leur apparition; — l'invasion de l'islamisme, les croisades, la chevalerie, la réforme, les guerres de religion, les guerres de famille, et celles de la Révolution, météore lumineux qui passa au-dessus de l'Europe comme un ouragan dévastateur!...

» Les mœurs s'étaient enfin adoucies, le travail s'anoblissait, les arts brillaient d'un nouveau lustre, le commerce et l'industrie prenaient un essor prodigieux, la science nous livrait ses inépuisables richesses, l'univers s'apprêtait à jouir des bienfaits de la civilisation, quand tout à coup de sourdes rumeurs nous apprirent que la discorde se préparait à rappeler une fois de plus l'orgueilleuse tentative des Anges déchus et la révolte des Titans pour escalader le ciel!... Je ne viens pas poser sur le trépied de la Pythonesse; à l'instar de Cassandre, prédire la ruine de ma patrie; parodier les hallucinations du vieux Cazote, pauvre cerveau malade qui prévit l'avenir; et pourtant j'aperçois la Mort, secouant sur la France ses torches incendiaires; je la vois suscitant chez nous des dissensions intestines, rapide dissolvant de toute nationalité; je l'entrevois, pareille à une Furie, se promener à l'aventure, fauchant les hommes et les idées, renversant les palais et les monuments publics, ne faisant autour d'elle que ruines et cendres, se riant des pleurs, des cris, des angoisses qu'elle suscite!... Parlons sans métaphore.

» Non contente de s'être placée à la tête de la Confédération du Nord, la Prusse, espérant jouer la Russie dont elle convoite la Courlande, rêve l'empire d'Allemagne jusques et y compris l'enclave de Strasbourg. — La Moldavie, la Valachie, la Serbie, surexcitées par de fallacieuses promesses, poursuivent une autonomie imaginaire. — La Grèce, berceau des eunuques de Constantinople, repaire des bandits albanais, refuge des pirates de l'Archipel, pépinière des odalisques du sérail, songe aux splendeurs polychrômes de l'antique Bysance. — La Russie, maîtresse de la Pologne, de la Finlande, de la Bessarabie, de la Crimée, du Caucase, d'une partie de l'Arménie, des rives de la mer Noire et de la mer Caspienne, du territoire de Samarcand, des avant-postes de la Boukarie, dirige sans bruit ses cohortes vers l'Afghanistan afin de pénétrer dans l'Inde. — L'Italie, légèrement oublieuse parce qu'elle nous doit trop, cherche l'aire du vent et nous inonde d'aventuriers fort dangereux pour nous. — L'Espagne, affolée par ses commotions politiques, déchoit de plus en plus, au point de n'avoir désormais nul souci de ses alliances. — Froidement ingrats, car ils ne peuvent dénier que l'indépendance dont ils jouissent ne nous ait coûté bien cher, les États-Unis, fiers de nous avoir contrecarrés au Mexique, secondent les révoltés de Cuba et d'Haïti pour s'annexer les Antilles; s'immiscent dans les affaires des Républiques du Centre, afin de s'emparer sans coup férir des deux Amériques; marchandent à prix d'or l'isthme de Panama et le canal du Darien, afin de fermer à notre marine, à notre industrie, à nos produits commerciaux, à notre influence les rives de l'océan Pacifique; et, pareils à ces enfants dénaturés qui nuisent à leurs proches, à leurs bienfaiteurs, ils s'ingèrent dans les conflits européens...

» Ainsi donc, en présence d'une situation si tendue, devant un horizon si menaçant, à la veille d'une conflagration générale, quelques politiques à vues étroites, des patriotes à l'eau de rose, s'avisent, sous prétexte d'économies ou bien pour ne pas arracher, disent-ils, l'ouvrier à son travail, le cultivateur à sa charrue; s'avisent de réclamer, à cor et à cris, un désarmement complet, à commencer par nous, afin d'en arriver partout au licenciement des armées permanentes...

« Vraiment, ces gens sont en démence! « Circonscrivez » une bonne fois le territoire de la Prusse, » leur répondra-t-on; « donnez à la Moldo-Valachie, à la Serbie, une » constitution stable; ramenez les prétentions de la Grèce à » la mesure de ses forces; engagez l'Italie à laisser agir le » temps et les événements se mûrir; rappelez l'Espagne » aux sentiments d'obéissance et d'unité qui firent jadis sa » gloire, sa fortune; mettez un terme aux envahissements » des États-Unis, de peur que cette puissance n'absorbe le » Nouveau Monde; protégez l'Inde contre les attaques de » la Russie; mettez la sublime Porte à l'abri de ses at- » teintes; accordez à la Perse votre protection, assurez au

» khan de Boukhara son indépendance, rétablissez le pouvoir du hullah de Samarcand ; balayez, refoulez dans » leurs steppes ces hordes ouraliennes — Khirghys, Kalmouks, Cosaques et Tartares, — qui ont soif de meurtre » et de pillage ; après cela diminuez si bon vous semble le » nombre de vos soldats, brisez leurs fusils Chassepot, enclouez les bouches à feu et les mitrailleuses, noyez vos » poudres, vos fusées, vos torpilles ; coupez les voies ferrées » stratégiques, défoncez les aérostats, démantibulez tous les » appareils électriques et de télégraphie militaire, démolissez vos navires blindés, laissez pourrir dans les bassins ou » sous les cales couvertes les bâtiments à tourelle, et vous » aurez raison !... Par contre, tant que les ennemis ou les » rivaux de la France n'auront pas désarmé, tant qu'ils auront la même attitude et ne s'attacheront pas à poursuivre leur développement social par des moyens pacifiques : » jusque-là, nous conseiller le désarmement serait de la » folie ou de la trahison !... »

» Nous assistons, en effet, à un lugubre spectacle, grandiose et terrible. Pour si peu que nous reportions nos regards vers les transformations opérées en ces dernières années sur le matériel, les armements, les approvisionnements des puissances, nous exécrerons la guerre et ses fureurs ; nous flétrirons la cruauté avec laquelle les peuples, semblables à des vampires, se déchirent entre eux ; nous maudirons les conquérants de ce qu'ils déploient contre des nations sans défense leurs légions bardées de fer ; nous gémirons sur le sort des malheureux contraints de plier sous le joug ; enfin nous crierons anathème sur l'humanité pour le don funeste qui lui a été departi de pouvoir, à un moment précis, — moment de délire et de frénésie ! — concentrer toutes ses facultés vers l'extermination. Mais la paix finit toujours par succéder aux collisions armées, comme autrefois, après l'orage, le Dieu des tempêtes renfermait dans les profondeurs de la mer les Autans qu'il avait déchaînés. Ce sera donc la guerre qui fera refleurir le rameau vert, gage d'espérance dont l'humanité saluera l'apparition par des chants d'allégresse!...

» Comment dresser le bilan des massacres, des bombardements, des assauts, des attentats, dévastations, sinistres de toute espèce que la science moderne et les derniers engins ont occasionnés durant la période écoulée, et ceux qu'ils accompliront pendant la période où nous entrons? Signalera-t-on jamais les joies féroces, les convoitises honteuses qui auront été suscitées? Qui nous dira les perturbations imposées, les trésors dévorés? Ne faudra-t-il pas distraire de la circulation industrielle des sommes énormes? Ces dépenses de force majeure ne causeront-elle pas, vu leur énormité, la déconfiture des banques et sociétés financières assez mal inspirées pour risquer leur argent sur des *aléa?* En surexcitant la cupidité, en oblitérant le sens moral, en poussant la société vers l'inconnu, n'est-on pas exposé à semer l'inquiétude dans les esprits? A quelques années de date, déjà, n'a-t-il pas fallu combattre ces anomalies par des remèdes empiriques? N'a-t-on pas eu recours à des entreprises gigantesques : des canaux, des chemins de fer, le percement des montagnes, la construction d'une infinité de monuments publics, la réédification de Paris? Or ces choses auraient dû s'accomplir successivement, sans précipitation, avec de l'argent *mignon*, fruit du travail et des économies, nullement à l'aide d'emprunts excessifs, ce qui, par une réaction fatidique, a engendré un luxe effréné, une sensualité pernicieuse, un désir immodéré de bien-être, l'accroissement de la dette publique, l'augmentation des impôts, brandons de discordes sur lesquels il suffirait de souffler pour leur faire prendre feu... Cependant ne nous humilions pas trop et ne tremblons pas si fort.

» Du côté financier, la situation est loin d'être désespérée. Que l'État montre de la prudence, les fonds ne lui feront pas défaut... Sous le rapport de la donnée politique, l'abîme était creusé par nos devanciers. Puisque nous avons accepté un héritage fortement hypothéqué, appliquons-nous à le dégrever pour le léguer intact à nos enfants; surtout, prions la Providence d'embraser nos cœurs attiédis et d'éclairer notre raison chancelante.

» Moralement parlant, le peuple français passe à juste titre pour un des plus honnêtes, des plus avancés. J'ai eu souvent occasion, en parcourant la majeure partie du globe, d'être fier de l'estime que l'on ressentait pour mon pays, et fier de l'opinion que l'on manifestait alors pour son Souverain...

» Au point de vue purement militaire, l'armée est dévouée. Son organisation laisse bien un peu à désirer, son effectif n'est pas suffisant pour parer aux éventualités; mais, avec du bon vouloir et de l'énergie, on pourrait y remédier à temps. D'ailleurs les officiers s'adonnent de plus en plus à la connaissance pratique, théorique et transcendante du métier; aussi, comme le disait avec raison le maréchal Niel, ministre de la guerre : « si la nation française » est intelligente, l'armée française l'est encore davantage, » puisqu'elle se compose d'un choix fait parmi la na- » tion. »

» Quant à l'armement, l'équipement, le campement, le matériel de campagne, le matériel de siége, le matériel marin, les équipages de pont, les approvisionnements de toute sorte, bien qu'on y travaille de longue main, rien n'est prêt... Il est donc urgent de se hâter. Nul ne saurait y mettre obstacle sans assumer une responsabilité terrible!...

» En résumé, les circonstances actuelles sont fort graves, et je suis encore à m'expliquer l'animosité avec laquelle certains tirailleurs de la presse opposante discutent nos institutions militaires. Eh quoi! nous sommes peut-être à la veille d'être appelés aux armes; l'intégrité du territoire, l'autonomie de la nation peuvent d'un jour à l'autre être exposées aux hasards d'une lutte, et c'est à un pareil moment que l'on réclamerait l'affaiblissement de l'armée, à grand renfort de raisonnements sophistiques, de subtilités paradoxales, sans parler des manœuvres coupables de ceux qui travaillent à sa démoralisation!... L'indépendance n'est-elle pas une condition essentielle de la liberté, son premier gîte d'étape, sa première assise fondamentale? Un peuple n'est jamais libre, à moins d'être indépendant. Il y a donc gros à parier que sans une bonne armée nous perdrions à la fois et notre indépendance et notre liberté.

» Eu égard à l'immixtion des sciences dans l'art de la guerre, nulle question n'exige autant de savoir, d'expérience, de jugement. La jeunesse ne doute de rien; mais possède-t-elle tout ce qui est indispensable pour débattre avec autorité un sujet de cette importance? A défaut de raisons solides, les critiques se rabattent volontiers sur les banalités ou les plaisanteries. A force d'être répétées, les banalités sont prises au sérieux par les masses. En mettant les rieurs de leur côté, les plaisanteries font doucement leur chemin. Ne jouez donc pas à ces jeux-là, imprudents! vous pourriez le regretter amèrement par la suite...

» La guerre se prêtant à merveille au pour et au contre de la discussion, pas de sujet plus entraînant, mais aussi plus scabreux. Les phrases ronflantes, les tirades bien alignées portent rarement juste. On devrait n'aborder qu'avec un respect mêlé de crainte cette question brûlante, et, au lieu de s'écouter parler, poser la main sur son cœur, prêter l'oreille à la voix de sa conscience, peser les destinées du pays, abstraction faite du chef de l'État et de ses ministres...

» La divergence des opinions politiques, le point de vue duquel on envisage l'organisation de l'armée, influent considérablement sur les appréciations politiques; aussi voit-on des gens convaincus, des hommes d'une valeur réelle, différer d'avis sur ces matières délicates... En ce qui a trait aux dispositions générales, aux mesures de salut public, il convient de les examiner de haut et dans leur ensemble. Y a-t-il péril en la demeure : mettez les citoyens sous les armes; une fois le danger disparu, désarmez aussitôt. Surtout pas de demi-mesures, incapables de produire le bien, incapables d'empêcher le mal, et qui nuisent plus qu'elles ne servent parce qu'elles entretiennent les esprits dans une fausse sécurité... Sur les choses de détail, comme pour les questions plus relevées, évitez l'esprit de parti, les idées préconçues ; ne faites jamais descendre la discussion sur le terrain des personnalités, respectez vos adversaires, ayez sans cesse présente à la pensée l'image de la patrie à travers le bandeau que vos relations ou vos intérêts pourraient appliquer sur vos yeux... Êtes-vous en désaccord avec le gouvernement : dites-le lui sans arrière-pensée. Ainsi, le fusil Chassepot vous déplaît à cause du crachement : tâchez d'en obtenir un autre qui n'ait pas cet inconvénient, mais n'imputez pas le choix de l'arme à des manœuvres frauduleuses, car vous nuiriez au pays lui-même en déconsidérant l'autorité militaire par vos calomnies. Préférez-vous, pour les bouches à feu de gros calibre, l'acier Krüpp à la fonte de Ruelle ou bien à l'acier Firth : déduisez vos preuves sans attribuer à des motifs peu honorables les déterminations administratives, fussent-elles diamétralement opposées à vos appréciations personnelles...

» Je voudrais voir les royalistes, les orléanistes, les bonapartistes, les républicains procéder comme suit : —L'aspect de l'Europe est-il rassurant, nul conflit ne se fait-il pressentir, refusez des soldats s'ils ne sont pas nécessaires où que l'on vous en demande trop, mais votez des fonds pour entretenir les armements militaires sur un pied de prévoyance, parce qu'une grande nation ne doit jamais être prise au dépourvu; consentez à cela, uniquement guidés par l'amour du pays, nullement par des réminiscences de Napoléon, d'Henri V, du comte de Paris, de Robespierre, de Fourrier, du Père-Enfantin, de Proudhon ou de M. Budaille. — La Prusse clignerait-elle de l'œil dans la direction des Vosges ou de la Lorraine, ou bien la Russie manigancerait-elle une bonne petite coalition avec les États-Unis : pas la moindre indécision!... Mais votre adhésion fortifierait le gouvernement, m'objecterez-vous. Eh! tant mieux, si votre refus était capable de nuire à la France!... Sauvons d'abord le pays, car le pied de l'étranger laisse sur le sol des traces profondes : la dévastation, la misère, la honte! Point de considérations qui ne s'effacent devant les intérêts de la nation. Les sympathies, les doctrines, les tendances : immolons tout cela sur l'autel de la patrie!

» Ainsi, à l'heure du danger, rallions-nous autour du drapeau national; le péril dissipé, faisons légalement prévaloir nos aspirations. Il y a des joints à tout. Montrons-nous dignes de la liberté, sachons jouir de ses attributs, sachons accomplir les devoirs qu'elle impose, et nous ne tarderons guère à la posséder, ou mieux elle viendra d'elle-même au-devant de nous... J'ignore comment la perspective d'une invasion étrangère réagit sur les autres; pour moi, elle m'électrise et m'indigne! Parvenu à un âge avancé; après une existence perturbée, pleine de vicissitudes et d'infortunes, réduit à des travaux ingrats pour nourrir ma famille, j'aspire par besoin et par sentiment aux douceurs de la paix; pourtant, si l'ennemi pénétrait dans nos contrées, je reprendrais le fusil, ma femme fabriquerait des cartouches, et mon fils, unique espoir de ma vieillesse, apprendrait de son père comment un citoyen doit servir sa patrie, sous l'Empire, sous la République, sous la Monarchie, c'est-à-dire partout et toujours!

» Quand les États-Unis d'Amérique sentirent leur prépondérance grandir; un peu plus tard, lorsqu'ils se virent sous le coup d'une scission dont les suites auraient compromis leur avenir, que firent-ils? Persuadés que le triomphe devait imprimer au commerce, à l'industrie, aux arts de la paix, momentanément frappés de stagnation, un élan proportionné aux sacrifices qu'ils s'imposeraient, ils tournèrent toutes leurs facultés vers la guerre.

Ils n'avaient pas d'officiers, pas de soldats : ils organisèrent une armée formidable; pas de vaisseaux : ils construisirent une flotte superbe; pas d'artillerie et fort peu d'armes portatives, excepté des revolvers : ils créèrent des fonderies et des manufactures. A la paix, ils ont cédé des monitors, des navires cuirassés, des canonnières en fer, à plusieurs puissances maritimes d'Europe et même au Japon. En fait d'armes se chargeant par la culasse, ils ont vendu des Remington au Danemarck et au Saint-Siége;

à la Suisse, à la Roumanie, au Canada, à l'Espagne, à la Hollande, des Peabody; à la Russie, des Berdans, ainsi que divers systèmes en expérimentation actuellement dans les écoles de tir. Les carabines à répétition, les mitrailleuses, les canons-revolvers, les pièces du plus gros calibre, ils ont mis cet attirail à la mode. Ils n'ont pas dédaigné l'aérostation et lui ont dû plusieurs avantages. Ils appliquèrent les voies ferrées à la stratégie, au transport des troupes, aux mouvements de l'armée, ce qui leur a valu des victoires. Ils garnirent de torpilles sous-marines les rades, les ports, les débarcadères, en ayant soin d'appliquer l'électricité à l'explosion de ces machines infernales. Enfin, ils firent un usage fréquent de la télégraphie électrique pour diriger les opérations de la guerre, la tactique du champ de bataille... Est-ce donc surprenant que depuis lors nous ayons été surpassés par eux dans les différentes branches d'industrie ou de constructions se rattachant à ces données?... Citons un exemple : le journal *Of the Telegraph*, de New-York, fournit un relevé d'après lequel les États-Unis transmettent, dans un laps de temps déterminé, un nombre de dépêches électriques à peu près égal à celui des dépêches transmises par les puissances de l'Europe réunies, à l'exception de l'Angleterre et de la Bavière... Puisque les États-Unis n'ont rien perdu de leurs aptitudes industrielles et commerciales, malgré le contingent nombreux fourni aux armées de terre et de mer à une époque où leur existence politique, leur nationalité, étaient sérieusement compromises, pourquoi nos démocrates radicaux ne veulent-ils entendre parler ni d'armée, ni de conscription? Supposeraient-ils leurs compatriotes si faibles contre les séductions du pouvoir, si peu attachés à leurs professions, si engoués de la cocarde, qu'en prenant goût au métier ils ne devinssent promptement des prétoriens? Craindraient-ils que l'Empire, mécontent de ses concessions, ne voulût s'appuyer sur l'armée pour les retirer, ou bien qu'il se servît d'elle pour consolider sa dynastie? Je ne ferai pas à ces messieurs l'injure de les croire capables de sacrifier le salut de la France à leur haine contre le régime actuel; aussi leur répéterai-je ces mots : « *Sauvons d'abord la patrie!* »

. . . .

Hélas! depuis l'époque où je m'exprimais ainsi, tout ce que j'avais prévu, tout ce que j'avais prédit en maintes occasions s'est réalisé point par point; j'ai pris les armes, j'ai combattu les Prussiens, j'ai versé des larmes de rage... Ne pourrais-je donc servir encore la France, en l'aidant à se venger!...

Le propre des maladies contagieuses est de passer à l'état endémique dès l'instant où leurs effets vont en s'affaiblissant; le choléra nous a laissé la cholérine...

Quand ces affections amoindries sévissent d'une façon quasi permanente dans une contrée, elles se rattachent à des causes locales, à des influences particulières auxquelles on aurait pu remédier par un examen sérieux des phénomènes qui se sont manifestés depuis la période d'invasion jusqu'à celle de la décroissance, dans chaque zone infestée. Un observateur attentif reconnaîtrait de même qu'il se produit souvent des résultats analogues en ce qui touche à la politique... En effet, nous l'avons déjà fait remarquer : la guerre de la Sécession, aux États-Unis, transmit à l'Europe la peste des torpilles, mitrailleuses, bouches à feu de gros calibres; à leur tour, les guerres de Danemark et de

Bohême répandirent dans l'univers le typhus des armes portatives se chargeant par la culasse. De même qu'à l'apparition d'une épidémie, on eut aussitôt recours aux moyens empiriques, aux expédients extrêmes. Que d'inventions absurdes, que de systèmes abracadabrants virent le jour à bref délai! Que de trésors gaspillés en pure perte! Cependant il fallait s'armer, tout de suite, sur le champ... Malgré les dissertations à perte de vue, malgré les discours emphatiques dont les partisans de la paix *à tout prix*, unis aux démolisseurs, se servaient alors pour réclamer un désarmement général, chez nous, le bon sens, le patriotisme du Corps législatif l'emportèrent sur les théories paradoxales, et le Chassepot fut adopté... Ce fusil n'est point parfait; mais il constituait réellement un progrès et répondait aux besoins du moment comme arme de transition, étant bien supérieur, du reste, au système prussien...

On sait comment, à quelques années de là, une poignée de forcenés, auxquels se joignirent une foule de niais, parvinrent, par leurs diatribes, leurs rumeurs incessantes, leurs manœuvres perfides, au but qu'ils s'étaient proposé d'atteindre : la désorganisation de l'armée, à la veille du jour où nous allions nous trouver en face d'un ennemi formidable, prêt depuis longtemps à exécuter ses projets... On sait comment un acte inqualifiable, perpétré à la faveur de nos défaites, renversa le gouvernement, fit passer le pouvoir aux mains des révolutionnaires, secondant en cela les vœux de l'ennemi, et livra la France à l'anarchie, aux discordes civiles, aux plus exécrables doctrines, aux torches incendiaires, au poignard des assassins, à la honte, à la ruine, alors que la nation aurait dû se grouper autour des marches du trône, quitte à régler plus tard ses comptes avec l'Empereur Napoléon III... On sait combien nos hommes d'État, une fois le territoire délivré de l'invasion étrangère, ont fait de généreuses tentatives pour apaiser les esprits, calmer les dissensions, cicatriser nos blessures, nous rappeler à la vie des nations...

A présent, instruites par nos désastres, les grandes puissances remettent à l'étude la question de l'armement; partout on redouble d'efforts afin de se procurer, coûte que coûte, les meilleures armes. Obligée de suivre cet exemple, la France s'applique, elle aussi, malgré l'état précaire de ses finances, malgré l'énormité de la dette publique, à ne pas rester en arrière... Eh bien, chose incroyable! il se trouve encore des gens assez peu patriotes, assez aveugles ou assez attachés à leur parti, pour contrecarrer à nouveau le gouvernement sur cette mesure urgente... S'il convient, en thèse générale, de ménager le budget de l'État et la bourse des contribuables, dans les cas exceptionnels il faut savoir s'imposer des sacrifices, si grands soient-ils, parce qu'une mesure excellente en elle-même peut devenir dangereuse, l'à-propos, en politique, jouant parfois un rôle de la plus haute importance. Ainsi donc, eu égard aux circonstances actuelles, eu égard aux inquiétudes que la situation nous cause, au lieu de susciter des embarras au gouvernement chacun devrait approuver ses tentatives pour perfectionner l'armement des troupes, dussent-elles, ces tentatives, nous coûter bien cher.

Il y a quelques années, une somme de cent cinquante à deux cents millions, employée avec discernement à réorganiser l'armée, à compléter son effectif, à modifier le matériel de guerre, nous eût économisé *Dix milliards* et nous eût évité de cruelles angoisses : la défaite, l'invasion, le démembrement!... Est-ce qu'une pareille leçon pourrait jamais s'oublier!...

D'après la fameuse épître divulguée au public vers le commencement du mois de mai dernier (1874), M. Thiers ne daigne pas traiter de *scélérats* ces hommes politiques dont les fluctuations et le ressentiment déplacent à l'improviste les majorités parlementaires, mais il les appelle des *sots*. Quoique raide, l'expression me paraît anodine si elle vise ces ambitieux, ces égoïstes, ces insensés furieux qu'un esprit d'opposition systématique, lorsqu'ils ne sont pas au pouvoir, pousse à se montrer hostiles aux déterminations les plus salutaires : celles inspirées tout à la fois par le souvenir du passé, les préoccupations du présent, les appréhensions de l'avenir.

Le *Figaro* du 13 mai dernier offrait à ses lecteurs un long article ayant pour objet de démontrer que la cartouche métallique ne vaut pas grand'chose, que le meilleur fusil du monde c'est le Chassepot, et que, vu la pénurie où nous sommes, il ne faut absolument rien changer à notre armement, argumentation singulière qu'un simple chroniqueur de la presse réduisit à néant par quelques mots : « Nous » n'avons pas un sou pour améliorer l'entretien du soldat, » néanmoins on a trouvé 205 000 francs pour acheter des » fresques de Luigi, comme si des reliques artistiques » étaient capables de défendre nos frontières. »

On ne saurait blâmer le *Figaro* du fait de l'insertion précitée, l'auteur du factum en question n'étant pas un rédacteur en titre, mais un colonel. On doit, au contraire, savoir gré à ce journal du respect qu'il a témoigné pour la liberté de discussion en insérant une pièce qui n'aurait pas manqué de soulever d'énergiques réfutations si chacun n'eût été convaincu que c'était là un article d'attaque, un prétexte à dénigrement, une balançoire digne de tomber à plat. Le *Figaro* tout spirituel, bien écrit, bien rédigé, bien informé qu'il soit, est essentiellement humoristique ; il n'aspire nullement, il est vrai, à l'universalité des connaissances humaines, aussi s'est-il empressé de répudier la responsabilité du susdit article, la laissant supporter tout entière à M. le colonel comte de Meffray.

Lorsqu'on veut traiter une question de ce genre, il ne suffit pas de bien tailler sa plume, de bien construire ses alinéas, d'entasser les uns sur les autres une kyrielle d'arguments fictifs et de capter le lecteur par son côté faible — l'esprit d'économie ; — du moins l'auteur devrait-il un peu connaître le sujet qu'il aborde... Par la manière dont M. le colonel de Meffray se met en opposition avec la plupart des écrivains compétents, à propos du Chassepot et de ses cartouches ; par le peu de considération qu'il accorde aux résultats des expériences de tir pratiquées sur le Chassepot et ses cartouches, chez différentes puissances ; par la reproduction des formules laudatives qu'il était de bon goût d'émettre sur cette arme et ses accessoires, lors de leur adoption ; par ses erreurs sur le prix de fabrication des cartouches métalliques centrales, leur conservation, leur effet utile, leur propriété de pouvoir servir plusieurs fois ; par ses plaisanteries de mauvais aloi sur la manière de ramasser les douilles de cuivre après des manœuvres en temps de paix, comme si, dans l'artillerie, on ne fouillait pas la butte, après le tir, afin de retrouver les projectiles ; par une foule de raisons dont il est superflu d'entretenir le lecteur, l'écrit de M. le colonel de Meffray sur le Chassepot et ses cartouches nous prouve deux choses, savoir : 1° que l'auteur n'entend rien à la question ; 2° que le mode pratiqué pour l'avancement dans l'armée fut longtemps vicieux, puisqu'on pouvait arriver au grade d'officier supérieur sans posséder à fond la connaissance des armes portatives et de leurs munitions...

Lorsque nos manufactures et celles de Belgique, d'Italie, d'Angleterre eurent fabriqué assez de Chassepots pour mettre ce système en service dans l'armée francaise, le maréchal Niel, ministre de la guerre, adressa à l'empereur un rapport détaillé où il signala diverses défectuosités, divers inconvénients, dont plusieurs subsistent encore, n'en déplaise à M. le colonel de Meffray. Cela seul aurait dû l'engager à garder le silence.

Le Spectateur militaire du 15 décembre 1869 contenait l'entrefilet suivant, signé de moi :

« Un ami m'écrivait, il y a environ quatre mois, pour » me prier d'examiner un fusil de guerre qu'un jeune mé- » canicien lui avait montré... J'en ai tant vu, de ces modèles, » qu'un de plus ou de moins c'était une bagatelle; je » répondis : « Accordé ».

» Il est bon qu'on le sache : — Je me suis retiré au delà » des hauteurs de Belleville, loin des fortifications, au vil- » lage des Lilas, à l'effet de me soustraire aux persécutions » des inventeurs, lesquels me relancent pourtant jusqu'au » fond de ma retraite...

» Mon ami m'amena son protégé, et celui-ci apporta son » fusil. Ce fut tout au plus si je considérai l'engin; en re- » vanche, j'envisageai attentivement mon homme du coin » de l'œil. On jasa ensuite un peu de tout, le temps s'écoula, » mes visiteurs se retirèrent, et le mécanicien, en me quit- » tant, me laissa son adresse et son fusil.

» J'ai des motifs d'être circonspect; j'allai prendre des » informations sur le compte du jeune homme. Je les re- » produis ici : « Bon ouvrier, excellent sujet... A l'aide d'un

» travail acharné, il soutient son père et sa mère, tous les » deux infirmes et âgés... » Mille dieux! je m'en retourne » au logis, j'examine l'arme avec attention, et je mande ce » brave garçon près de moi.

» Il arrive le lendemain, nous démontons ensemble le » fusil et nous le remontons sans proférer une parole.

» — Quel sabot! m'écriai-je ensuite, malgré moi. Un bois » saveté, pas une seule pièce rôdée!... Vous appelez cela » de l'armurerie; mais c'est de la mécanique à grands » coups de marteau!...

» — Vous pensez! dit le jeune homme, pâle d'anxiété; » effectivement, ce n'est qu'une ébauche.

» — Je le vois bien... Cependant vous avez eu quelques » inspirations heureuses dont il serait possible de tirer un » meilleur parti... Dois-je les indiquer?

» — Ah! volontiers, monsieur, fit-il, un peu soulagé, en » laissant exhaler un soupir qui oppressait sa poitrine.

» J'étais ému... Ce soupir traduisait à mon âme les veil» les, les privations, les espérances de mon visiteur, et sa » sollicitude pour ses vieux parents.

« — A quels moments et depuis combien de temps tra» vaillez-vous à ce modèle? repris-je en détournant la vue, » afin de ne pas me trahir.

» — Depuis le commencement de l'année... En semaine, » ma journée terminée, je rentre chez moi où j'ai un petit » atelier. Les fêtes et dimanches, la besogne avance un peu » plus...

» — Êtes-vous décidé à suivre mes avis?

» — Comment donc! je suis ici pour cela.

» — En ce cas, écoutez-moi bien...

» Saisissant l'arme, je l'analyse pièce par pièce, je fais » ressortir ses qualités, j'énumère ses défauts, je détermine

» la manière d'y remédier, enfin je congédie mon visiteur
» en lui remettant son modèle.

» Il y a un mois, il m'apporte un autre fusil.

» — Êtes-vous satisfait de votre arme? me demanda-t-il
» radieux.

» — Que voulez-vous dire? Je ne vous ai pas remis
» d'arme, sinon la vôtre.

» — Ah! mais non!... Je vous avais montré un fusil à
» cartouche brûlante, en voici un autre à cartouche métal-
» lique centrale; il n'y avait pas d'extracteur, et celui-ci
» fonctionne à ravir... En somme, cette nouvelle arme pro-
» vient de vos indications; elle doit vous appartenir ainsi
» qu'à moi...

» — J'y consens, à une condition...

» — Laquelle?

» — Votre rôle cesse pour l'instant, quitte pour vous à le
» reprendre plus tard; ainsi, laissez-moi carte blanche et
» *faites le mort...*

« — J'y souscris; vous avez ma parole..,..

« Malgré mes occupations, j'ai commandé des cartou-
» ches spéciales, j'en ai surveillé l'exécution, je les ai es-
» sayées, elles ne m'ont point démantibulé la mâchoire;
» bref, je me prépare à prendre brevet afin d'éviter une
» anicroche de la part du monteur et de l'équipeur aux-
» quels je confierai le modèle pour lui donner du fion... »

. . . .

Voilà quelles étaient mes intentions à la fin de l'année 1869. Malheureusement, certaines circonstances m'empêchèrent de les réaliser. Ensuite, se produisit la catastrophe qui plongea la France dans la désolation...

Mais maintenant nous avons besoin d'armes irréprochables, puisque nos adversaires ont perfectionné les leurs...

J'ai donc repris mes projets et je vais essayer de les mettre à exécution.

Ici, il convient de préciser les faits : plus de mystère.

M. Achille Greneu, ouvrier mécanicien, guidé par un esprit d'initiative qui se manifeste souvent chez les travailleurs doués d'intelligence, d'aptitudes spéciales et de bon vouloir, s'ingénia de construire, dans ses moments de loisir, un nouveau système de fusil se chargeant par la culasse... Le Chassepot venait d'être adopté ; déjà plusieurs de ses défectuosités avaient été reconnues ; ce fut alors que M. Greneu tenta de supplanter l'arme en service. A cet effet, il imagina d'employer comme mécanisme de fermeture — ou fausse culasse, — un bloc mobile composé d'organes se reliant parfaitement entre eux et recevant leur impulsion au moyen d'un levier articulé, lequel se trouve en rapport, également, avec les pièces de la batterie. Cependant la cartouche brûlante (papier, carton ou soie) n'était pas encore détrônée par la douille métallique, aussi M. Greneu conserva-t-il la cheminée à capsule... Le 1er mai 1869 il déposait au secrétariat du Conseil des prudhommes, à Paris, la description ainsi que les dessins de son modèle ; puis il vint me consulter, ainsi que je l'ai dit plus haut.

Malgré plusieurs idées fort ingénieuses, en l'état le système ne me parut nullement répondre aux dispositions que les données acquises exigeaient d'une arme de guerre. Je m'expliquai franchement avec M. Greneu ; je lui indiquai les modifications nécessaires, je lui traçai la voie à suivre, et j'ouvris à son esprit sagace un large horizon en lui faisant entrevoir les corrélations intimes qui pourraient exister entre le mécanisme de l'arme portative, transformée d'après cet exposé, et quelques dispositifs susceptibles d'être appropriés à la construction des bouches à feu... Un mois s'était à peine écoulé, M. Greneu revenait me voir, portant avec lui le modèle du fusil dont la description fait le principal objet de cette brochure; enfin, à bref intervalle, il avait coordonné entre eux les agencements respectifs des différentes bouches à feu, selon leur calibre, leur destination et les effets qu'on exige d'elles...

Tout cela, il est vrai, était exécuté un peu grossièrement; par contre, l'ensemble du système me sembla combiné d'après des règles normales: les pièces fonctionnaient régulièrement; elles se comportaient très-bien au feu; nulle crainte d'accident, solidité voulue, maniement facile, rapidité de tir, peu de recul, et surtout économie remarquable dans le prix de fabrication... Non-seulement M. Greneu avait parfaitement saisi mes observations, parfaitement réalisé mes indications, mais il avait appelé à son aide toutes ses facultés inventives pour faire intervenir à propos certains organes jusqu'alors inconnus en armurerie, et qui, grâce à leur incontestable efficacité, seront acquis désormais à la mécanique militaire.

Je tiens à le constater ici : — Peut-être, sans mes conseils, l'arme primitive de M. Greneu fût-elle restée confondue parmi cette infinité de *fruits secs* dont regorgent les salles de modèles, à Saint-Thomas d'Aquin, aux Arts-et-métiers, dans nos musées, etc.; mais, en réalité, l'initiative de l'œuvre appartient à M. Greneu, qui a su déployer infiniment de tact, beaucoup de talent pour modifier ses premières inspirations et suivre mes avis.

Aujourd'hui le système Anquetil-Greneu est breveté en France, en Belgique, en Angleterre; l'arme type, quoique fruste par sa facture, a subi les épreuves règlementaires du banc d'épreuve belge; elle a été poinçonnée à Liége; elle a offert de beaux résultats lors d'une séance d'essai au Tir national de cette localité... Eh bien, d'un commun accord, M. Greneu et moi, nous offrons au gouvernement français, *pro patriâ*, sans aucune espèce de condition, le fruit de longs travaux, trop heureux, l'un et l'autre, si nos peines, nos soins, nos démarches, nos dépenses, doivent contribuer un jour à la gloire, à la prospérité, à la défense du pays!!!.

L'AUTEUR.

Aux Lilas (Seine), le 21 juin 1874.

SYSTÈME

ANQUETIL-GRENEU

L'ARMEMENT DE L'AVENIR

I

CONSIDÉRATIONS GÉNÉRALES.

Un double but n'a cessé de présider aux nombreuses tentatives qui ont eu lieu, depuis une quarantaine d'années, pour perfectionner les différentes armes à feu, portatives ou non portatives, c'est-à-dire : améliorer la justesse du tir et accroître la longueur de portée, d'une part; et de l'autre, augmenter la rapidité du tir sans nuire à la solidité ni à la précision de l'arme.

La première de ces deux questions est du domaine de la *balistique;* il n'y a donc nullement à s'en préoccuper ici. La seconde, celle que l'on vise en l'espèce, appartient à ce qu'on est convenu d'appeler : *le système de l'arme;* voilà notre donnée... Toutefois, les deux questions sont presque connexes; elles présentent une corrélation tellement intime que l'on est obligé, en parlant de l'une, d'effleurer l'autre, parce que le chargement de l'arme, si rapide qu'il soit, ne saurait remplir les conditions voulues, du moment où sa manière de fonctionner pourrait nuire à la justesse du tir... Aucun de ces éléments ne devant être sacrifié au profit exclusif de l'un d'entre eux, il en résulte que la solution du problème à résoudre implique une égale sollicitude à l'égard de chacune des propositions dont il se compose.

Ainsi, par exemple : mettant de côté les effets balistiques du fusil Dreyse et du fusil Chassepot, si l'on examine ces deux systèmes on est conduit à les trouver mauvais, attendu que, en sus de plusieurs défectuosités inhérentes à leur agencement respectif, ils présentent les inconvénients ci-après :

1° La culasse étant un cylindre plein, d'une certaine longueur, appelé à se mouvoir dans un tube cylindrique, si le jeu de ces organes est trop libre, s'il se produit *gaiement*, il y a frémissement, gondolage, déperdition de gaz, crachement, encrassement, ce qui nuit au tir, de même qu'au maniement de l'arme ; par contre, quand le jeu des dits organes est trop juste, trop serré, le mouvement de va-et-vient de la tige mobile ne peut plus s'effectuer qu'au moyen d'efforts, de secousses successives, qui perturbent la manœuvre en faisant perdre au tireur son calme, son sang-froid, son aplomb.

2° La poignée du verrou, pièce d'une certaine lourdeur, se trouve établie sur le côté droit de l'arme, en dehors et non dans le sens de l'axe longitudinal. Or, il est reconnu, en principe, que le centre de gravité d'une arme doit reposer sur l'axe du canon. La disposition dont il s'agit constitue donc un *porte-à-faux*, puisqu'elle perturbe l'équilibre ; aussi, de ce que l'arme, par cela seul, incline un peu à droite, s'est-on vu dans la nécessité d'adopter la rayure gauchère afin de contrebalancer l'inconvénient précité, lequel venait s'adjoindre au recul naturel de l'épaule droite.

3° Il est encore évident qu'un pareil manque d'équilibre, de la part des pièces qui supportent une partie de l'action des gaz au moment de l'explosion, doit amener la prompte dislocation du mécanisme.

Sont inadmissibles, vu leur fragilité, les systèmes qui font usage d'une garniture en bois se composant de plusieurs morceaux.

Les fusils à bloc, qui se sont produits jusqu'à présent, offrent tous des inconvénients qu'il serait aisé de démontrer.

Les fusils à répétition, les revolvers, les mitrailleuses présentent également des défectuosités que l'on a vainement essayé de faire disparaître. Comme le choc percutant s'effectue au moment où s'opère le mouvement rotatif du système, il en résulte toujours un ébranlement qui dérange le tir.

Les armes à magasin ne méritent pas qu'on s'y arrête.

Les bouches à feu se chargeant par derrière agrafent leur culasse : en bas ou en haut, à droite ou à gauche ; sinon elles font mouvoir leur *coin* sur le côté. Ces diverses combinaisons ne permettent pas à la culasse mobile de supporter une pression rationnelle et d'offrir une résistance égale, régulière, uniforme, sur toutes ses parties accessoires.

L'exposé des considérations qui précèdent conduit à poser, comme règles primordiales de la construction des armes à feu, portatives ou non portatives, les principes suivants :

1° Solidité des organes ;

2° Équilibre normal ;

3° Absence de vibrations pernicieuses ;

4° Obturation complète ;

5° Facilité et rapidité de chargement.

Aperçus relatifs à la construction du nouveau fusil, base du système à coin et à bloc mobiles.

Le bois est d'une seule pièce dans toute sa longueur : crosse, poignée et fût... Il porte deux encastrements, ainsi qu'un large évidement intérieur. Le premier encastrement, situé sur le dessus de la poignée, reçoit la queue de l'affût, (cage, châssis, ou bâtis du mécanisme) ; le second, placé en dessous de la poignée, se prolonge jusque sous la première enture, se trouvant ainsi affecté à la plate-bande du pontet et à l'emboîtage d'un levier spécial. Quant à l'évidement susdit, il traverse l'épaisseur du bois, de dessus en dessous, dans sa partie massive, entre la poignée et le fût, de manière à former une niche où viennent s'ajuster : et la boîte adhérente au canon, laquelle est destinée à loger le coin, ou partie du mécanisme servant de culasse; et la cage intérieure de l'affût, partie dans laquelle se meuvent les autres organes mobiles.

Le chien forme noix; il est muni de deux crans, repos et bandet, en concordance avec la gâchette... La tête du marteau percutant est contournée de manière à provoquer l'inflammation centrale... Le chien porte aussi, en contre-bas, une saillie appelée le *pied*, à l'effet de limiter l'abattut... Enfin la contexture du chien permet de porter convenablement l'arme au bras gauche.

La détente forme gâchette.

Il existe, pour la batterie, deux ressorts droits : l'un, presque vertical; l'autre, presque horizontal; tous deux postés en dessous de la bride ou prolongement de l'affût. Le premier obéit à l'action de la détente; le second, au contraire, est soumis à l'action de la queue du chien.

Si la platine, d'une simplicité sans pareille, ne comporte aucun organe qui ne soit connu en armurerie, en revanche son agencement est tout à fait nouveau, et ses différentes pièces sont disposées de manière à conserver, dans leur jeu, une élasticité remarquable, tout en développant, d'après la *volée* dont elles jouissent, la force de déclanche nécessaire au départ.

On peut se dispenser de décrire le pontet; de même, pour la plate-bande de sous-garde. Il est bon de faire observer, cependant, que cette dernière pièce, complétement passive, comporte des mortaises et des rainures constituant, dans leur ensemble, une armature en rapport avec les principaux organes dont se compose le mécanisme spécial.

Il existe, sur le côté droit du système mobile, un extracteur particulier... Au besoin, on en mettrait un second sur le côté gauche, afin d'assurer l'extraction et pouvoir supprimer la baguette de fusil, laquelle, envisagée comme instrument de nettoyage, se remplacerait par une tige articulée que chaque homme porterait dans son sac ou dans sa giberne, ce qui allégerait l'arme.

Il conviendrait aussi de pratiquer sur la tranche postérieure du canon, dans le sens de son épaisseur, vers le bas, une petite gouttière angulaire, presque imperceptible, inclinée à 45°, afin d'obvier au butage de la tige percutante, si par cas celle-ci venait à s'enrocher, ou bien de peur que le ressort de rappel, par une cause quelconque, ne cessât de remplir ses fonctions.

Le canon repose sur une équerre plate, configurée à l'avant du bâtis de l'affût. Il est entaillé vers son arrière, dans sa partie massive, de manière à former une boîte susceptible de recevoir un coin mobile destiné à se mouvoir verticalement. Ainsi, pour plus de clarté : — la boîte dans laquelle fonctionne le coin mobile fait partie intégrale du canon et se trouve disposée à la suite de l'emplacement appelé le *tonnerre;* on l'obtient à la forge, par le refoulement, ou bien elle se tire dans la masse. On pourrait encore l'établir séparément, avec un morceau de fer que l'on ajusterait au canon en guise de verrin, et qui constituerait en même temps le tonnerre, — chambre, ou logement de la cartouche métallique centrale.

L'ensemble du bloc mobile se compose d'une vanne, d'un ressort à boudin, et d'une chape.

La vanne, (coin, ou fausse culasse), présente deux rainures obliques, l'une à droite, l'autre à gauche, sur les faces latérales, à l'effet d'assurer son mouvement de descente et d'ascension pour déterminer l'ouverture et la fermeture de l'arme... L'inclinaison de ces rainures étant symétrique avec celle d'un couple de saillies-coulisseaux pratiquées selon l'épaisseur et à l'arrière de la boîte du canon; en outre, la face antérieure de la vanne venant s'appliquer à frottement doux et intime contre la tranche postérieure du canon : il s'ensuit qu'en relevant cette vanne on provoque un serrage progressif, un rodage de plus en plus prononcé, et qu'on obtient, par conséquent, une obturation complète... Quant à l'inflammation, elle s'effectue par le choc du chien contre une petite tige mobile qui traverse l'épaisseur de la vanne, certaine vis verticale, noyée à la surface supérieure de la vanne, plongeant dans un gîte pratiqué sur cette tige en vue de limiter son recul... Enfin, entre le bouton de la tige mobile et la face postérieure de la vanne, se trouve interposée une lame d'acier, très-flexible, cintrée, afin de pouvoir, en vertu de son élasticité, permettre à la tige de reprendre sa position normale sitôt que la percussion s'est produite, ou mieux dès que la tension de la déclanche s'affaiblit, ce qui a lieu presque instantanément; aussi cette lamelle d'acier doit-elle être considérée comme un véritable ressort de rappel... Il va sans dire que la dite pièce repose dans un gîte établi sur la face postérieure du coin, et qu'elle est percée d'un trou qui sert à l'asseoir sur la tige, tout en lui livrant passage.

Le ressort à boudin prend son appui à la fois sur la

vanne et sur la chape. Son action consiste non-seulement à maintenir l'écartement voulu entre ces deux organes, mais encore à provoquer leurs fonctions respectives en vertu de la tension plus ou moins prononcée qu'il exerce selon que l'on veuille faire descendre ou faire monter le bloc mobile, pour ouvrir ou fermer l'arme.

Une vis, taraudée à la base de la vanne et noyée dans l'épaisseur du plateau de la chape, les relie entre elles. Quoique traversant le ressort à boudin selon son axe, cette vis reste libre sur la chape, ce qui explique la double action du ressort à boudin.

La potence, ou plate-bande de sous-garde, se prolonge en avant du pontet, s'encastre dans le bois et affecte, à cet endroit, la forme d'une rainure où vient se loger la tige d'un bras de levier sur lequel il est indispensable de s'appesantir au moyen de détails parfaitement circonstanciés, cet organe étant le véritable générateur du mouvement organique.

Le levier, à sa partie antérieure, — c'est-à-dire à quelques centimètres de la capucine, vers cet endroit du bois où se place ordinairement la main gauche quand il s'agit d'exécuter la charge, — affecte la forme d'une règle plate, terminée par un bouton en saillie, lequel bouton est muni d'une targette à ressort, dont le bec s'engage dans une mortaise pratiquée sur l'épaisseur de la plate-bande.

Vers sa partie postérieure, le levier se relie à l'affût au moyen d'une vis qui traverse les deux joues de la cage en fer, et la tête de la vis déborde sur le côté droit du bois, afin de faciliter le démontage du système. Il fallait à cette vis, pièce fort importante, un point d'appui solide, une assise offrant beaucoup de résistance.

Près du point qui lui sert de pivot, le levier s'élargit,

prend la forme d'une came, dans laquelle on voit rouler un galet, — espèce de petit tube, — où se trouve une vis qui vient traverser les deux montants de la chape, et s'y rattache au moyen d'un taraudage, à l'effet de communiquer au galet ses fonctions agissantes... D'après cela, il est aisé de le comprendre : — lorsque l'emplacement du pivot et celui de la came sont calculés d'une façon effective, il en résulte que le mouvement engendré par le jeu du levier est capable de déterminer successivement la chute ou la descente du bloc mobile — vanne, ressort à boudin et chape, — dans le sens vertical de la boîte du canon et de la cage de l'affût ; par conséquent, on parvient ainsi à serrer ou à desserrer à volonté le bloc mobile, c'est-à-dire à fermer ou à ouvrir l'orifice postérieur du canon.

Telles sont les principales dispositions du mécanisme sur lequel repose le système à coin et à bloc mobiles.

(Voir les *planches annexées à la présente brochure.*)

II

ARMES PORTATIVES.

DESCRIPTION DE L'ARME PORTATIVE A UN COUP, AVEC DOUILLE MÉTALLIQUE A FEU CENTRAL. (*Fusil de guerre, arme de chasse, pistolet.*)

Fig. 1. Perspective du fusil, le chien abattu, le levier fermé.

Fig. 2. Mécanisme du fusil, le chien au bandet, le levier ouvert.

Fig. 3. Coupe du levier... A, sa came... B, logement de la vis servant de pivot... C, accrochage dudit levier sur le prolongement de la plate-bande de sous-garde, au moyen d'un verrou de sûreté... D, talon du levier, au point de contact avec le pied du chien.

Fig. 4. Coupe du bâtis de l'affût, sur lequel vient reposer l'extrémité postérieure du canon, et dans lequel se trouve pratiquée une cage E, affectée au double mouvement de la culasse, ou mieux du bloc mobile. Cette cage débouche à travers la potence, comme cela se voit à la figure 6... La lettre R désigne ici un petit mamelon sur lequel se visse l'axe de l'extracteur, désigné aussi par la même lettre sur plusieurs figures.

Fig. 5. Plan du bâtis, indiquant l'orifice de la cage E, dans laquelle se meut la vanne, pièce qui détermine la fermeture de la culasse... R, place de l'extracteur.

Fig. 6. Potence, ou plate-bande de sous-garde, avec prolongement vers l'avant pour servir d'encastrement au levier; les lettres *x*, *y*, désignent cet encastrement... E, orifice de la cage... F, passage de la détente... *z*, passage d'une vis servant à relier la potence avec le bâtis.

Fig. 7. Vanne représentée par derrière, avec deux rainures, I, I, dont il sera parlé aux figures 8 et 9, avec un ressort J, mentionné aux figures 10, 11 et 12.

Fig. 8. Vanne, vue perpendiculairement à la face supérieure, avec indication du logement d'une vis K, ayant pour objet de régler la course du percuteur.

Ici la vanne montre mieux les deux rainures à queue d'aronde I, I, pratiquées de manière à laisser fonctionner cette pièce au moyen des coulisseaux symétriques établis sur l'épaisseur verticale de l'arrière du canon, laquelle épaisseur est indiquée au moyen des lignes ponctuées I' I', fig. 1 et 2... Entre les deux rainures se trouve l'encastrement d'un ressort J (fig. 7, 10, 11 et 12), lequel ressort livre passage au percuteur à travers le conduit L... Enfin, sur la face latérale droite, il existe un autre encastrement, M, affecté au jeu du tire-cartouche lorsque cet organe est appelé à s'abattre.

Fig. 9. Vanne, vue de profil.

Fig. 10. Ressort de rappel, vu par derrière. Il affecte une forme *sui generis*, avec indication de l'ouverture L, ayant pour objet de livrer passage à une tige (fig. 13) dont la tête doit exercer une pression sur ce ressort lorsque le chien s'abat.

Fig. 11. Même ressort, vu de profil.

Fig. 12. Même ressort, vu obliquement.

Fig. 13. Tige-percuteur, avec sa vis d'arrêt, K... Cette

vis, après avoir traversé la partie supérieure de la vanne, plonge dans un canal creusé sur la tige en question.

Fig. 14. Chape, servant de sommier. Elle est vue par derrière et montre l'enplacement d'une vis de plongée, N, qui est libre dans la chape bien qu'elle obéisse au mouvement d'ouverture du système. Ainsi, quoique servant à relier la chape avec le coin, cette vis de plongée, dont la configuration est aussi déterminée par la figure N, demeure indépendante de la chape parce qu'elle joue dans l'épaisseur du plateau de ladite chape lorsqu'on procède à la fermeture du mécanisme.

La figure 14 indique encore une vis O, dont les fonctions seront désignées à la figure suivante.

Fig. 15. Chape, vue sur une de ses faces latérales... Cette figure indique le logement de la vis O, sur laquelle roule certain galet fixé dans la came du levier.

Fig. 16. Galet (ou petit tube, rouleau creux) P, fonctionnant à l'intérieur de la came. Il transmet à la chape le mouvement qu'il reçoit du levier.

Fig. 17. Ressort à boudin. Cette pièce est fixée entre la chape et la vanne au moyen de la vis de plongée N, dont la principale fonction consiste à limiter l'écartement de la chape et de la vanne. La vis de plongée se meut entre ces organes, disposée, qu'elle est, de dessous en dessus, la tête en bas, dans la partie creuse du ressort à boudin, de manière à supporter directement sur sa tête l'action du levier à la descente, c'est-à-dire pour l'ouverture de la culasse ; tandis qu'à la montée, c'est-à-dire pour la fermeture de la culasse, le galet, supportant l'action du levier, la transmet à la chape, et celle-ci la communique à son tour à la dernière spire du ressort à boudin, lequel, se trouvant comprimé entre la chape et la vanne, repousse celle-ci au moyen de la pression déterminée par le levier... C'est ainsi qu'un pareil assemblage parvient à engendrer, de la part du mécanisme, un mouvement doux, régulier, incapable de détériorer les organes actifs, et provoquant un *va-et-vient* normal, c'est-à-dire la descente et la montée de la vanne, ou coin mobile, pièce essentielle par son jeu, son obturation et l'obstacle qu'elle apporte aux vibrations métalliques qui se manifestent à la détonation de l'arme, dont le recul se trouve ainsi fortement atténué.

En sus de ces dispositions, aussi neuves qu'importantes, il convient de remarquer encore ceci : 1° Quand même les arrêtes du coin, par suite de fatigue ou de frottements continus, éprouveraient quelque altération, le ressort à boudin serait capable de garder le serrage voulu, soit pour maintenir l'obturation, soit pour conserver au mécanisme son assiette primitive... 2° Lorsqu'on décroche le levier à l'effet de procéder à l'ouverture du système, le ressort à boudin, par sa tombée, fait descendre un tant soit peu le levier, ce qui permet de mieux saisir le bouton du verrou, et, par suite, de manœuvrer plus aisément le levier.

Fig 18. Extracteur R, s'adaptant à l'affût et maintenu dans un encastrement pratiqué verticalement et à droite sur l'épaisseur de la tranche du tonnerre... Cette figure nous montre la position de l'extracteur quand le chien est au repos ou à l'abatiut.

S, griffe de l'extracteur... R, conduit de la vis qui sert à fixer l'extracteur sur l'affût.

La courbe concave de la griffe affecte une forme analogue à la courbure convexe du bourrelet de la cartouche.

Fig. 19. Extracteur vu de profil et apparaissant lorsqu'il

vient retirer la cartouche (voir la figure 2), c'est-à-dire le chien étant relevé au bandet.

R, pivot d'attache de l'extracteur; S, sa griffe; T, espèce de talon sur lequel vient reposer la vanne dans son mouvement de descente... D'après une pareille disposition, il est aisé de comprendre comment le dessous de la vanne, ou coin mobile, est capable, en s'abaissant, de faire incliner l'extracteur pour qu'il puisse opérer l'extraction de la cartouche; et comment les parois de la face antérieure du coin, lorsque cette pièce remonte, font rentrer l'extracteur dans son encastrement.

Peut-être serait-on porté à croire qu'il y a lieu, pour mieux assurer les fonctions de l'extracteur, de fixer sur le devant du bâtis un petit ressort, très-flexible, qui réagirait sur le talon de l'extracteur à l'effet de réintégrer la pièce dans son gîte; ou bien d'établir un autre extracteur, sur le côté gauche du mécanisme. Cependant le modèle de fusil d'après lequel a été faite cette description ne possède qu'un seul extracteur, le petit ressort en question ne figure nullement; ce qui n'a pas empêché l'arme de tirer un certain nombre de cartouches à balle sans qu'il se soit produit la moindre perturbation; aussi les accessoires dont il s'agit ne semblent-ils pas d'une urgence absolue. La pratique en décidera.

Observations. — Peut-être objectera-t-on, encore, que la bretelle de fusil serait susceptible d'entraver le jeu du levier dans le maniement d'arme. L'objection est plus spécieuse que réelle. En effet, pour empêcher cet inconvénient de se produire, il suffit : 1° d'un embouchoir placé à hauteur voulue; 2° d'une capucine disposée le plus près possible de l'armature du levier, sans cependant gêner ce dispositif; 3° enfin, pour mieux assurer le port de l'arme en bandoulière, il faut un bouton à charnière, noyé dans sa plaque, se rabattant dans son encastrement, et assuré dans ses fonctions par un ressort *ad hoc*. Ce dispositif devra être établi sur la crosse, en arrière de la plate-bande du pontet, non loin de la plaque de couche... A la manœuvre, ou pendant le tir, la bretelle sera fixée du battant de l'embouchoir à celui de la capucine, au moyen d'une boucle munie de son ardillon. En route, en tirailleur, lorsqu'il s'agira de porter l'arme en bandoulière, on débouclera la bretelle et on l'agrafera par une entaille au bouton à charnière.

Armes portatives à deux coups.

La construction de l'arme portative à deux coups (fusil, carabine, pistolet,) repose sur des données identiques; cependant les deux chiens devront être séparés entre eux par une plaque disposée en guise de cloison, reposant sur l'avant et l'arrière de la cuvette dans laquelle se meuvent les chiens... Quoique la batterie fût double, il n'y aurait qu'un seul levier, une seule fermeture, mais deux extracteurs. Si l'on ne tirait qu'un seul coup, il faudrait désarmer le second; et, lorsqu'on voudrait n'extraire que la douille vide, il faudrait manœuvrer le levier avec ménagement pour ne pas faire jaillir la douille chargée.

Démontage et remontage du mécanisme de l'arme portative.

Pour démonter le mécanisme, il faut d'abord l'extraire de son logement.

Extraction. — Lever le chien à moitié course, au moyen du levier, afin de faciliter le déplacement du système. Dévisser le pivot du levier; faire avancer un tant soit peu le levier pour que le galet porte au fond de la came; dès lors on peut opérer l'extraction de l'ensemble du mécanisme spécial, c'est-à-dire : le levier, la chape, le ressort à boudin et la vanne... On aura soin, en retirant le levier, de l'enlever bien droit pour que rien ne bute, sans quoi les saillies ne sortiraient pas facilement de leurs glissières.

Démontage. — Pour démonter les pièces du mécanisme, il faut :

1° Retirer la vis qui traverse le galet placé dans la came, laquelle vis a pour objet de mettre le levier, le galet, la came et la chape en communication, tout en laissant à chacun de ces organes son jeu particulier.

2° Une fois cette vis déplacée, le levier devient libre, ainsi que le galet et la came; cependant la chape conserve encore de l'adhérence avec le ressort à boudin et la vanne, au moyen de la tige filetée qui traverse respectivement ces trois pièces à la fois.

3° Pour éviter l'emploi d'un monte-ressort : se servir de la boîte, ou logement du coin, comme l'on ferait d'un étau. A cet effet, le coin étant replacé dans son encastrement, il faut desserrer de deux ou trois tours, au moyen d'un tourne-vis, la tige filetée dont la tête se trouve noyée en dessous de la partie qui surmonte les faces latérales de la chape; donner un léger coup, avec le manche du tourne-vis, sur le coin, pour lui ôter l'adhérence que l'on vient de lui communiquer; faire sortir le bloc de son logement, et alors le ressort à boudin glisse assez facilement sur la tige de postage pour que l'on puisse l'enlever à la main.

Le remontage des pièces du mécanisme s'opère en procédant à leur mise en place d'après un ordre inverse à celui qui a présidé au démontage.

Démontage du canon, de l'affût, et de la batterie.

Pour enlever le canon armé de son affût et de sa batterie, il faut :

1° Oter les garnitures-brassadelles.

2° Relever le chien au bandet, ou mieux le mettre au cran de repos, et non le maintenir à l'abattut, afin de faciliter le passage de la détente si par hasard son encastrement se trouvait un peu trop juste.

3° Enlever une vis intérieure, placée dans l'encastrement du levier, laquelle vis rattache l'affût à la plate-bande du pontet au moyen de deux montants qui se terminent par une sorte d'entretoise plate, servant de support à la partie antérieure de l'affût... Cette espèce de plateau tient à la plate-bande du pontet, et se loge en avant de l'affût. Or, pour que la vis en question puisse faire adhérer entre elles les deux pièces susdites, il est indispensable qu'elle les traverse l'une et l'autre.

4° Dévisser la queue de la plate-bande de culasse; imprimer au bois un léger choc sur la paume de la main gauche; dès lors il est facile de retirer, d'un seul mouvement, le canon monté sur son affût, et la batterie elle-même, rattachée à l'affût.

Le démontage et le remontage de la batterie n'ont pas besoin d'explications.

Maniement d'arme.

Ouvrir la culasse, pour introduire la cartouche. — L'arme reposant dans la main gauche, à la position de la charge, porter la main droite au bouton du levier, exercer une pression avec l'index sur la tête du bouton, de manière à dégager le levier et à lui rendre sa liberté d'action en faisant sortir de son encastrement le bec de la targette à ressort; saisir le bouton avec le pouce et l'index, pour imprimer une vive secousse au levier; dans ce mouvement, le levier, par sa disposition, entraîne l'appareil mobile, le force à descendre, et découvre ainsi l'orifice postérieur du canon. On a donc, dès lors, la faculté d'introduire la cartouche métallique dans la chambre de l'arme.

Refermer la culasse. — La main droite embrassant la poignée, imprimer de dessous en dessus, avec la paume de la main gauche, un mouvement au levier pour le ramener dans son gîte, et puis l'y fixer par une forte pression, laquelle oblige le ressort du bouton à rentrer dans sa mortaise : ainsi, l'arme est prête à faire feu.

En effet, par une disposition spéciale du mécanisme, disposition qui mérite d'être signalée : — Lorsqu'on ouvre le mécanisme, le chien s'arme automatiquement, du fait même de l'action exercée par le talon du levier sur le pied du chien, de sorte qu'on n'a plus besoin de relever le chien avec le doigt, et qu'il suffit de presser sur la détente pour faire feu.

Extraction de la cartouche. — Ouvrir vivement la culasse; alors la base de la vanne, dans son mouvement de descente, s'abattant sur le talon de l'extracteur, le fait basculer avec force; et en même temps le crochet de l'extracteur, en rapport avec le bourrelet de la douille, rejette celle-ci hors du canon.

Observations. — 1° Au feu continu, on pourra procéder avec une grande rapidité, puisque l'extraction de la cartouche suffit pour armer le chien. 2° Le chien étant armé et l'arme chargée, si l'on ne veut pas continuer le feu il faut descendre le chien avec le pouce et l'index de la main droite, soit au repos, soit à l'abattut, ces positions offrant une égale sécurité. 3° La non-fermeture du bloc est incapable de constituer le moindre danger. En effet, lorsque le levier n'est pas complétement rentré dans son encastrement, le talon, en butant contre le pied du chien, empêche celui-ci d'opérer son mouvement d'abattage, même sous la pression de l'index. Ainsi l'explosion ne saurait, dans ce cas, se produire accidentellement, puisque le chien ne peut rencontrer la tête de la tige percutante.

III

BOUCHES A FEU.

Le point de départ du mécanisme qui préside à l'agencement des bouches à feu est le même que celui dont il a été fait usage pour les armes portatives; néanmoins, eu égard aux différences de poids, de volume, de résistance, inhérentes aux diverses espèces d'engins employés dans l'artillerie, et surtout par rapport à leur chargement, soit avec l'étoupille, soit avec le culot métallique : il a fallu apporter certaines modifications à l'agencement des organes moteurs, bien que l'ensemble des mouvements et la manière dont ils s'effectuent reposent sur les mêmes principes. La classification de rigueur était donc celle-ci, pour les bouches à feu se chargeant par la culasse :

1° Pièces de siége, places, côtes et de marine;

2° Pièce de campagne, fort calibre;

3° Pièce de campagne, petit calibre, et obusier de montagne.

PIÈCES DE SIÉGE, PLACES, CÔTES ET DE MARINE, SE CHARGEANT AVEC L'ÉTOUPILLE.

Description. — Fig. 20. — Pièce montée sur son affût; elle est vue selon sa face latérale gauche, la face droite étant identique dans sa reproduction... Ici, les points d'indication désignés par des lettres sont reproduits par les mêmes lettres dans la figure suivante :

Fig. 21. — Mécanisme du système, vu de face, par l'arrière.

A, A, bras, formant une double manivelle, adaptés à une transmission horizontale B, B, qui repose sur deux coussinets C, C, rapportés sur la tranche supérieure de la bouche à feu... Cette transmission est munie de deux pignons moteurs, D, D, lesquels, pour déterminer l'engrenage, en commandent deux autres, E, E, montés sur des arbres filetés, F, F, emboîtés verticalement, de façon à rouler, chacun, dans une autre paire de coussinets, G, G, formant collets.

La vanne, H, H, est la même que celle du fusil. Ici, elle est représentée par des lignes ponctuées; et, comme elle estsupposée à son point d'ascension, la circonférence O indique l'emplacement de l'âme du canon, qui n'est pas visible sur cette figure.

La vanne se relie par deux lignes I, I, ou par quatre au besoin, à un sommier dont il sera parlé ci-après.

J, J, ressorts doubles, établis entre la vanne et le sommier, au moyen de vis et agrafes.

K, K, K, sommier plat. Cet organe remplace la chape du fusil et en remplit les fonctions. Il est percé de deux trous taraudés, L, L, pour servir d'écrous aux deux arbres filetés, (voir aussi la figure 22).

Deux tabliers M, M, posés face à face, l'un en avant, l'autre en arrière du bâtis, ont pour objet de couvrir le mécanisme en l'emboîtant et en le consolidant. Ils se raccordent entre eux par deux entre-toises, et sont fixés au canon par des vis N, N.

Observations. — Si l'on voulait utiliser le culot métallique pour le chargement, au lieu de l'étoupille on adapterait au canon le marteau et l'extracteur spécifiés à la description de la pièce de petit calibre... On pourrait, de même, avec de légères modifications, utiliser le mécanisme décrit ci-dessus, pour le faire servir comme élévateur, ou porte-charge... Enfin, rien n'empêcherait, le cas échéant, d'employer l'anneau obturateur Brodwel, ou autre.

Manœuvre de la fermeture.

Ouvrir la culasse. — Deux hommes, l'un à droite, l'autre à gauche de la bouche à feu, tournent ensemble les manivelles pour desserrer l'ajustage. Cela fait, ils descendent aisément le bloc mobile jusqu'à ce que l'âme du canon soit mise à jour.

En effet, dans ce mouvement, les pignons d'angle font tourner les arbres filetés; ceux-ci tirent le sommier, lequel, en s'abattant sur la tête des tiges d'articulation vissées à la vanne, oblige tout le bloc mobile à descendre.

Fermer la culasse. — Tourner les manivelles en sens inverse. Alors le sommier, entraîné par le tirage des arbres filetés, opère une pression sur les ressorts et force la vanne de remonter jusque dans son ajustage, agencement qui procure un serrage énorme.

CANON DE CAMPAGNE, FORT CALIBRE, SE CHARGEANT AVEC L'ÉTOUPILLE.

Description. — Fig. 23. — Coupe du système, sur sa face latérale gauche.

Fig. 23 *bis*. — Même coupe, vue perpendiculairement à l'axe du canon.

Fig. 24. — Coupe du système vu de face par l'arrière.

H, H, vanne en forme de coin.

I, I, tige d'articulation reliant la vanne et le sommier.

J, J, ressorts vissés sur le sommier, et en contact avec la vanne.

K, K, K, sommier portant à sa base deux anses cintrées, P, P.

M, M, tabliers renforcés, munis d'entretoises servant de supports.

Par une disposition spéciale, simulée ici au moyen des figures supplémentaires placées à gauche et à droite de la figure principale, les flasques de l'affût, R, R, sont munis, chacun, d'un œil articulé, ou lunette, en fer, S.... De la sorte, lorsqu'on emmanche au fond de cette lunette un levier d'abattage T, T, mi-partie en bois, mi-partie en fer, sa pince U, après avoir traversé la lunette, vient s'engager dans l'une des deux anses P, du sommier K... Or, ainsi qu'on peut le remarquer à la figure 23, deux clés V, V (il ne s'en trouve ici qu'une seule en vue), traversent les tabliers de part en part pour servir de point d'appui au sommier lorsque le système est remonté. Ces clés doivent être attachées par des chaînettes et fixées au moyen de clavettes.

Les figures 25 représentent le sommier sous différents aspects.

Les figures 26 indiquent les ressorts plats, vus de face et de côté.

Manœuvre de la fermeture.

Ouvrir la culasse. — Enfoncer le levier; soulager le poids, en donnant un léger coup d'abattage afin de pouvoir retirer les clés; presser sur l'anse avec la pince du levier, en soulevant celui-ci de bas en haut. Dès lors l'ensemble de l'appareil mobile peut descendre jusque sur les entretoises du tablier, qui limitent sa course... N'oublions pas que la manœuvre est double et qu'elle doit s'opérer d'ensemble, sur chaque côté de l'affût, avec les deux leviers.

Fermer la culasse. — Exercer une pression inverse sur

les anses, en pesant sur les leviers, et remettre les clés en place.

OBUSIER DE MONTAGNE ET CANON DE CAMPAGNE PETIT CALIBRE, PIÈCES SE CHARGEANT AVEC LA GARGOUSSE MÉTALLIQUE, CE QUI COMPORTE L'EMPLOI DE L'EXTRACTEUR AUTOMATIQUE.

Description.—Fig. 27.—Vue du canon par le flanc, droit ou gauche, indifféremment; ici, c'est par le flanc gauche.

A, marteau articulé. Il doit être disposé un peu sur le côté de la pièce, afin de ne pas nuire au viser. Il reçoit son action au moyen d'une ficelle engagée dans l'anneau B... Enfin la douceur de l'articulation et le poids du marteau permettront à l'inflammation de l'amorce de se produire par la simple tombée du marteau sur le percuteur, sans qu'il soit besoin d'un mouvement de tirage dont la violence pourrait déranger le pointage du canon.

Ici, la vanne est baissée, on ne peut l'apercevoir.

C, C, supports symétriques, fixés en équerre, avec cornières, pour servir de cage au système mobile.

C', C', bandes, ou plaques latérales, formant bâtis au moyen d'une entretoise. Ces deux bandes, vissées au canon, servent de glissières à l'appareil mobile. On pourrait également les établir de manière à ce qu'elles ne fassent qu'une seule pièce avec les supports.

D, D, sommier. Il se relie à la vanne par les tiges d'articulation et les ressorts spécifiés à la description des bouches à feu précédentes.

E, E, arbre de treuil, sur lequel s'adapte, à chacune de ses extrémités, une bielle F, F (organe analogue au levier du fusil), avec sa came F'', et son galet G, G..... Il y a donc deux bielles : l'une, fonctionnant sur la surface antérieure;

l'autre, sur la surface postérieure de l'appareil mobile. Elles ont leur point d'attache aux pivots E, de l'arbre de treuil, lequel est soutenu lui-même par deux coussinets circulaires I, I, montés sur les bandes latérales du bâti C', C'... L'arbre de treuil est encore garni de plusieurs trous, dont le principal, J, celui du milieu, est destiné à recevoir une barre de manœuvre; les autres servent de logement à des chevilles ouvrières, si par cas les deux cliquets, dont il sera question tout à l'heure, venaient à manquer.

La tête des bielles forme rochet, au moyen de trois ou quatre dents pratiquées à la partie supérieure de son pourtour, de manière à pouvoir s'engager dans celles du cliquet K, K, pièce double qui s'adapte symétriquement sur l'épaisseur des bandes du bâtis pour servir d'arrêt quand la culasse est fermée, c'est-à-dire lorsqu'on a opéré un serrage à fond.

Ici, de même que dans l'agencement du mécanisme de l'arme portative, l'extracteur est disposé sur la tranche postérieure du canon; il obéit, d'une manière analogue, au mouvement de la vanne.

Fig. 28. — Canon vu de face, par l'arrière.

X, X, culasse... Z, vanne... *y*, *y*, ressorts... D, D, sommier... F, F, bielle... F', came... G, galet... H, rochet... K, cliquet d'arrêt... C'. C', plaques du bâtis... L, entretoise.

En ce qui concerne l'inflammation de l'amorce, se reporter, pour l'agencement du percuteur et la disposition de son ressort de rappel, à la description de l'arme portative.

Manœuvre de la fermeture.

Ouvrir la culasse. — Introduire le bout de la barre de manœuvre dans l'œil de l'arbre du treuil; soulager, en appuyant légèrement sur la poignée de la barre afin de relever les cliquets et dégager l'arrêt; ramener la pince de la barre vers la culasse. A ce moment, l'ouverture de la pièce s'effectue; en effet : le treuil, faisant descendre la bielle, il arrive que, la came mettant le galet en mouvement, celui-ci entraîne tout l'appareil mobile.

Fermer la culasse. — La pince de la barre étant placée dans son logement, lorsqu'on pèse sur la poignée le treuil relève aussitôt les bielles, celles-ci soulèvent l'appareil mobile, on abat les cliquets à la main, et l'arrêt s'établit par la tombée des cliquets, dont les dents s'interposent dans celles des rochets.

IV

CONCLUSION.

Les différents appareils de fermeture qui viennent d'être décrits font usage d'organes pour la plupart étrangers jusqu'ici à l'armurerie et à l'artillerie proprement dites, de sorte que ces organes, par leur agencement, leur configuration et la manière dont ils fonctionnent ou réagissent, constituent un *système d'une nouveauté incontestable, dans son ensemble comme dans ses détails, et d'une efficacité que l'avenir se chargera de démontrer.*

FIN.

TABLE DES MATIÈRES.

FIN DE LA TABLE DES MATIÈRES.

PARIS. — IMPRIMERIE DE E. MARTINET, RUE MIGNON, 2

SYSTÈME ANQUETIL-GRENEU._FUSIL DE GUERRE

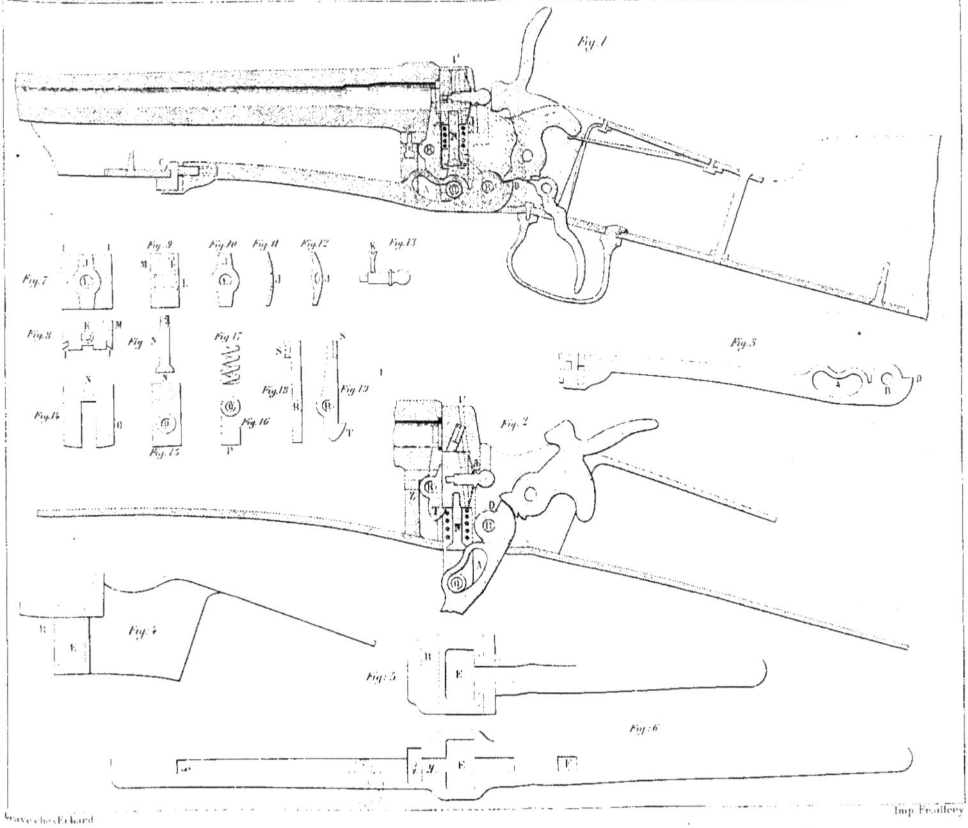

Fig. 1

Fig. 2

Fig. 3

Fig. 4

Fig. 5

Fig. 6

Fig. 7

Fig. 8

Fig. 9

Fig. 10

Fig. 11

Fig. 12

Fig. 13

Fig. 14

Fig. 15

Fig. 16

Fig. 17

Fig. 18

Fig. 19

Gravé chez Erhard

Imp. Fraillery

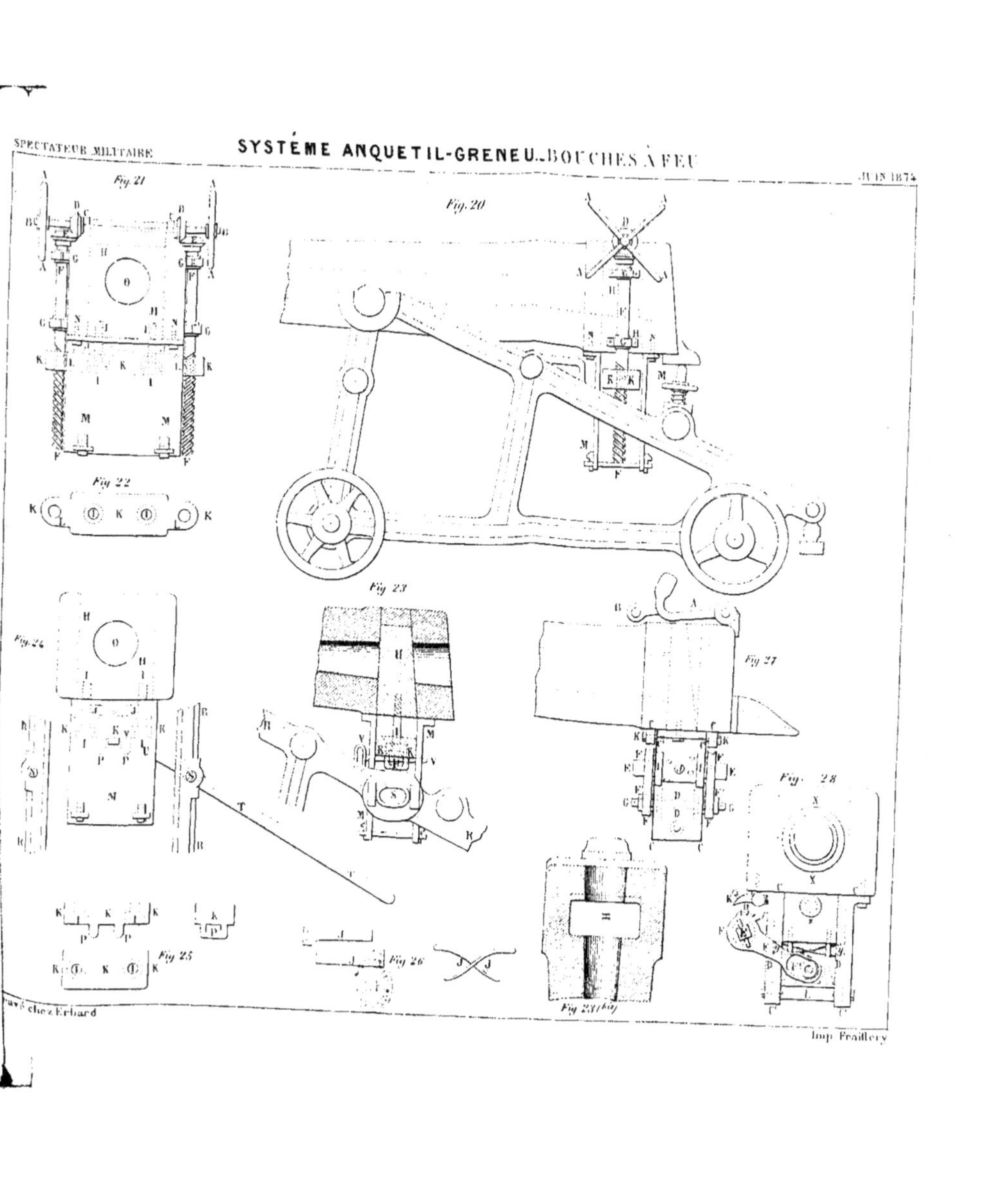
SPECTATEUR MILITAIRE
SYSTÈME ANQUETIL-GRENEU. BOUCHES À FEU
JUIN 1874
Fig. 21
Fig. 20
Fig. 22
Fig. 23
Fig. 24
Fig. 27
Fig. 28
Fig. 25
Fig. 26
Fig. 23 (bis)
Gravé chez Erhard
Imp. Fraillery

PARIS. — IMPRIMERIE DE E. MARTINET, RUE MIGNON, 2

www.ingramcontent.com/pod-product-compliance
Lightning Source LLC
LaVergne TN
LVHW020009170826
845677LV00022B/639
9782329680675